QUATRE?

Enki BILAL
QUATRE?

DERNIER ACTE

Montage : Camille Hourdeaux

casterman

Celui qui regarde le ciel dans l'eau
voit les poissons dans les arbres.
Proverbe chinois

www.casterman.com
ISBN 978-2-203-35344-2
© Casterman 2007

WHO͜O'S ?

Global Art people predator magazine

transworld2027

EXCLUSIVE

HOLERAW
RESSUSCITE LE MONSTRE !

L'artiste, autoproclamé suprême, livre une version hologrammée d'Optus Warhole, son monstrueux prédécesseur..

LA MÉMOIRE DU MIROIR

« *J'ai su capter dans sa mémoire une trace fugace du reflet de son visage dans un miroir brisé, à son adolescence, dans une tranchée de Verdun, en 1916, lors de la Première Guerre mondiale.* »

Holeraw manipulant le visage hologrammé d'Optus Warhole adolescent

---

Match à Budapest. Phase finale interreligieuse (groupe Danube).

Mesure disciplinaire pour la première gardienne, blessure grave en cours de jeu pour son remplaçant mâle numéro 1, et je me retrouve sur le terrain, en mâle n° 2, à devoir préserver un score favorable pendant les vingt dernières minutes qui s'annoncent féroces.

La chance en deux occasions (Dieu ?), un peu d'expérience en une, l'héroïque défense de la charnière centrale mixte en prime, et le résultat est presque sauf... Presque seulement...

... Car ici comme partout où il officie, Dieu change de camp comme de maillot... Dans les trois dernières minutes de pressing, je me prends deux buts sur des bévues hautement personnelles (mon agnosticisme me sera encore une fois reproché, je le sais).

PRIE AVANT LES MATCHES, MERDE!

Branko Blitva vient me voir dans le vestiaire. Il me dit : "File à l'hôpital. Sacha a besoin de toi."

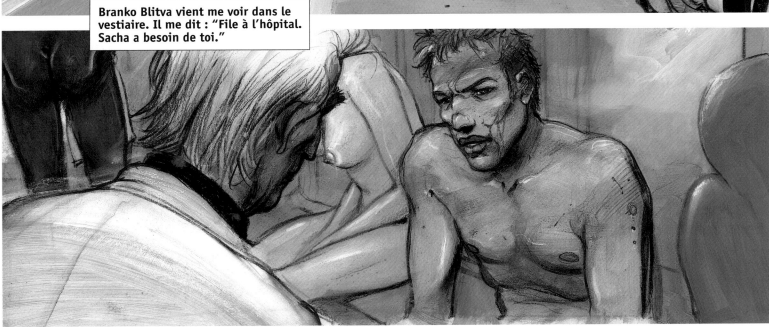

8

"CE N'EST PAS TOUT À FAIT UNE RÉPLIQUE, MAIS TRENTE POUR CENT AU MOINS DE SON MÉTABOLISME SONT D'ORIGINE SYNTHÉTIQUE... ET C'EST EN ÉVOLUTION CROISSANTE. LE PROBLÈME, C'EST QUE SA MUTATION EST CONTRÔLÉE DE L'EXTÉRIEUR... JE NE SAIS NI COMMENT, NI PAR QUOI, NI PAR QUI..."

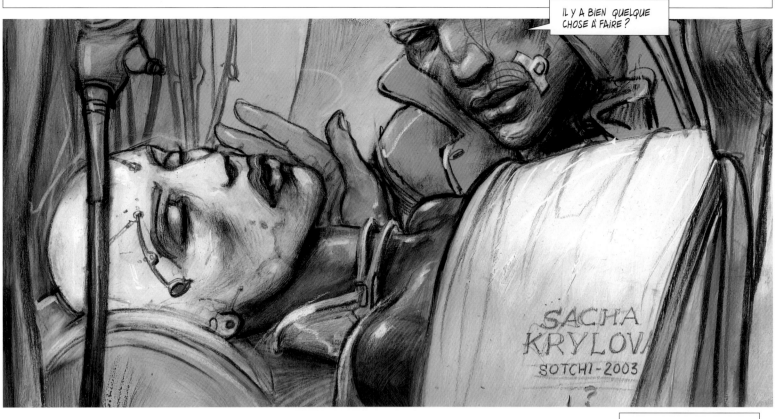

IL Y A BIEN QUELQUE CHOSE À FAIRE ?

SACHA KRYLOVA SOTCHI - 2003

?

PAS À MA CONNAISSANCE. ELLE EST AU BORD DU COMA. IL ME FAUDRAIT AU MOINS UNE PISTE... PARLEZ-MOI DES PREMIERS SYMPTÔMES...

JE PENSE QUE ÇA PEUT AVOIR UN RAPPORT AVEC LES ÉRADICATEURS DE L'OBSCURANTIS ORDER.

ELLE A DÛ ÊTRE "CONTAMINÉE".

L'AFFAIRE WARHOLE ?

C'EST ÇA... L'AFFAIRE WARHOLE... VOUS N'AVEZ PAS REMARQUÉ DE MOUCHE, PAR HASARD ?

PARDON ?

Je me sens enfin seul.
Je n'ose pas dire libre... Mais je décide en tout cas, seul, de mes pas pour la première fois depuis bien longtemps.
Pas dupe pourtant, je mesure le suprême artifice de ce sentiment. Car je n'en subis pas moins la toujours warholienne et permanente pression sur le thorax, qui m'empêche de retrouver un semblant de respiration abdominale normale.
Je suis bel et bien toujours sous contrôle. IL est toujours SUR et SOUS ma peau.

Paris est une ville pour piétons à la dérive... Ça tombe bien.

Je m'y laisse aller, raide comme une certitude, au gré de strictement rien.

Je n'ai aucune notion du temps.
Aucune notion de l'éveil, du sommeil,
de l'avant, de l'après...
Je n'ai aucune notion de moi.

ASTOUNDING
SPACE SCIENTIST

OBJECTIF MARS
EN CATIMINI

PRÉCIPITATION MODE D'EMPLOI
Programme d'origine chamboulé, départ drastiquement avancé, la toute première mission habitée à destination de la planète Rouge n'annonce rien de bon.

Au bon souvenir du Site de l'Aigle
Rappelons qu'à l'origine de ce bricolage spatial il y a la récente découverte sur Mars (plateau de Tharsis) des restes des disparus du fameusement inexplicable 32 Décembre 2026 (ou 2027, comment savoir ?).

L'équipage au moment de l'embarquement : en quatrième position, Leyla Mirkovic-Zohary, astrophysicienne issue de l'expérience du Site de l'Aigle. Sa présence confirme le lien direct entre l'expédition et l'affaire du 32 Décembre.

MARS ODYSSEY ONE : voyage aller, six mois. Et le retour ?

SEMAINE 1

QU'EST-CE QUI SE PASSE ? ELLE EST RÉVEILLÉE, C'EST PAS NORMAL...

"BON DIEU, MAIS QU'EST-CE QU'ELLE FAIT ?!?"

"ON DIRAIT DES MOUCHES !"

"ELLE FAIT UN LÂCHER DE MOUCHES !!!!

"... ET ELLE SE FOUT DE NOTRE GUEULE, EN PLUS..."

CETTE MALADE EST EN TRAIN DE SABOTER LA MISSION !

TOUT L'ÉQUIPAGE EST RÉVEILLÉ...

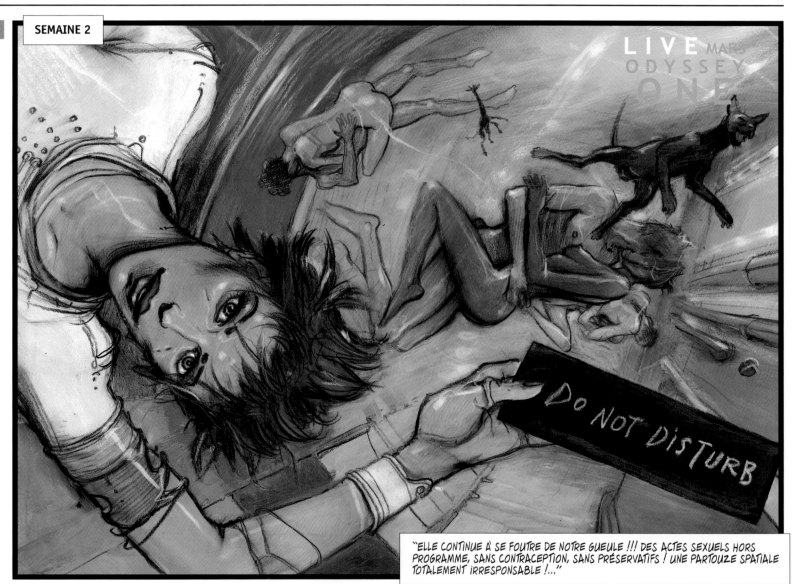

LIVE MARS ODYSSEY ONE

DO NOT DISTURB

"ELLE CONTINUE À SE FOUTRE DE NOTRE GUEULE !!! DES ACTES SEXUELS HORS PROGRAMME, SANS CONTRACEPTION, SANS PRÉSERVATIFS ! UNE PARTOUZE SPATIALE TOTALEMENT IRRESPONSABLE !..."

"ET ELLE COUPE LE CONTACT ! MERDE !"

J'AIMERAIS AVOIR VOTRE AVIS, LÊ... VOUS QUI LA CONNAISSEZ BIEN.

CE N'EST PAS LEYLA. C'EST UNE RÉPLIQUE... WARHOLE EST AU CŒUR DE TOUT ÇA, C'EST SIGNÉ... MÊME DISPARU, IL CONTINUE DE SIGNER... MAIS POUR MOI, LE PLUS INQUIÉTANT C'EST LES MOUCHES... CHAQUE MEMBRE DE L'ÉQUIPAGE A EU LA SIENNE, ET ÇA, JE N'AIME PAS DU TOUT.

ASTOUNDING
SPACE SCIENTIST

DÉTOURNÉ ?

MARS ODYSSEY ONE NE RÉPOND PLUS

Tout laisse penser pourtant que le vaisseau continue à poursuivre normalement sa route vers la planète Rouge. Le Centre de contrôle ISS (International Space Security) verrouille toute communication pendant son enquête. Rien de bon en perspective, on l'avait dit !

LE MYSTÈRE LEYLA MIRKOVIC

Au cœur de toutes les questions, l'intrusion dans l'équipage, au dernier moment, de l'astrophysicienne liée à l'expérience du Site de l'Aigle.

Leyla Mirkovic-Zohary en 2026 à bord de Hubble 4, juste avant le drame dit des "mouches". Déjà aux portes de l'irrationnel...

ON Y CROIT !

Un des dix témoins volatilisés, selon nos informations Nike Hatzfeld le pseudo-spécialiste de la mémoire, serait en vie sur la planète Rouge ! N'oublions pas d'y croire : confirmation des petits hommes verts en attente.

Document FBII

16

WHОО'S ?

Global Art people predator magazine

volatilisé !

HOLERAW 1er

LE SULFUREUX DÉPOSITAIRE
DU FEU ARTISTE MONSTRE
OPTUS WARHOLE DISPARAÎT
DE MANIÈRE INEXPLIQUABLE
DE SON YACHT AU COURS
D'UNE CROISIÈRE-HAPPENING
POUR ÉTUDIANTES
EN NÉO-BRUT ART.

**HOLERAW SUR SON YACHT,
IMPORTUNÉ PAR UNE MOUCHE**

*"Il a disparu peu après. Depuis
plusieurs jours, cette mouche le
rendait fou..."*

Photo prise par une étudiante qui tient à garder l'anonymat

17

... OU ENCORE MIEUX, DIRECTEMENT À L'ÉCHAFAUD !!!

Paris... Jamais allé là-bas. Le professeur Irène Laroche, recommandé par l'imam *modéré +* du club, attend Sacha. Son coma n'est pas irréversible d'après le médecin hongrois, mais au moins, et *au moins*, la mutation est stoppée....

... Pour le reste, sa survie, c'est sombre, profondément sombre...

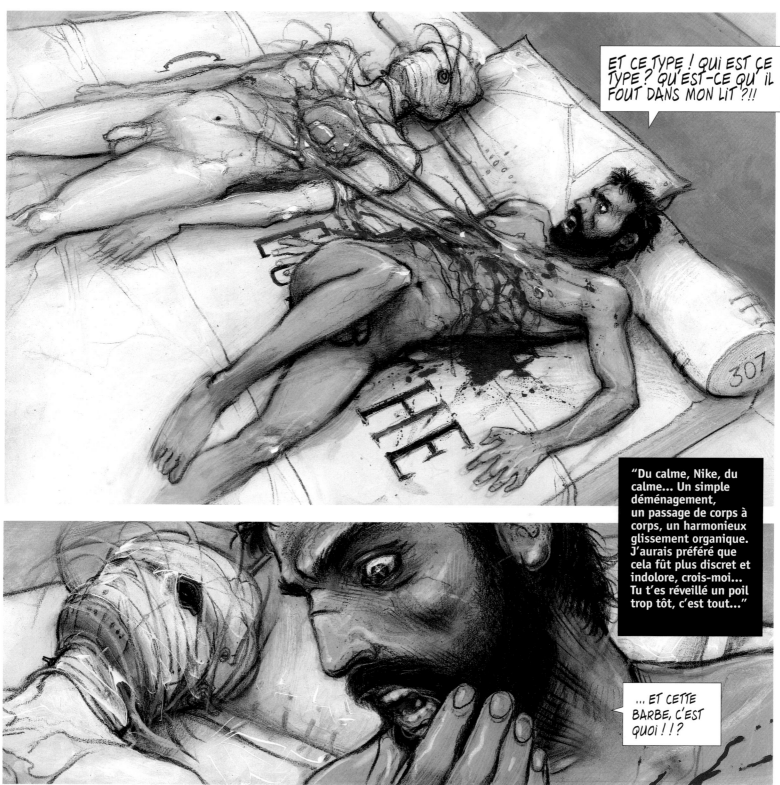

"Un signe de bonne santé, on va dire..."

ET MON NEZ ?

JE NE SENS PLUS RIEN ! JE N'AI PLUS DE NEZ, PLUS D'ODORAT, PLUS DE TRACE DE LEYLA ! OÙ EST LEYLA ?

... BON DIEU, QU'EST-CE QUI M'ARRIVE ?

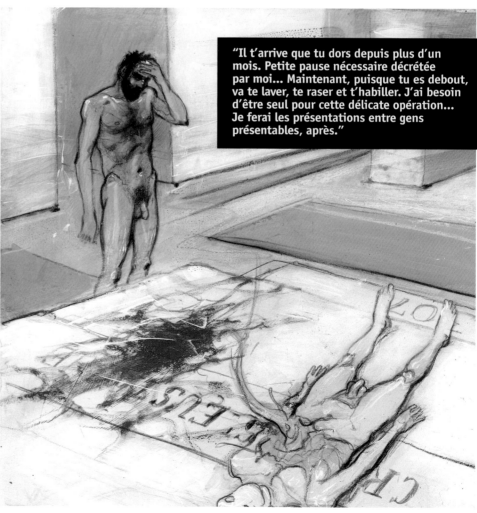

"Il t'arrive que tu dors depuis plus d'un mois. Petite pause nécessaire décrétée par moi... Maintenant, puisque tu es debout, va te laver, te raser et t'habiller. J'ai besoin d'être seul pour cette délicate opération... Je ferai les présentations entre gens présentables, après."

... TU COMPRENDS, CET IMBÉCILE DE HOLERAW DEVENAIT INGÉRABLE... SES FRASQUES PIPOLESQUES COMMENÇAIENT À SÉRIEUSEMENT EMPIÉTER SUR DES ZONES STRICTEMENT PERSONNELLES, ET DE TOUTE FAÇON SA GUEULE NE ME REVENAIT PLUS... JE L'AI MIS HORS SERVICE... JE REPRENDS **SON** CORPS, ET SURTOUT **MON** VISAGE D'ORIGINE, CELUI DE MES JEUNES ANNÉES... TU ES LIBRE, NIKE.

TU AS TORT. TOUS MES OBJECTIFS SONT EN VOIE D'ÊTRE ATTEINTS... ET CERTAINS, TU VERRAS, SONT TRÈS EXCITANTS... JE VAIS TE LAISSER LES DÉCOUVRIR AU FIL DU TEMPS... TU SERAS AUX PREMIÈRES LOGES, NIKE...

JE NE TE CROIS PAS.

LE TEMPS EST VENU. L'**ABSOLUTE EVIL ART** SE MUE EN **ABSOLUTE EVIL FIGHT**...

TOI, COMBATTRE LE **MAL** ?... JE RIGOLE D'AVANCE...

JE NE SUIS PAS INQUIET. TU DEVRAIS AIMER...

ET MON ODORAT ?

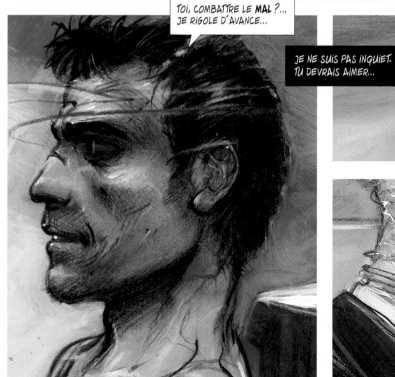

JE TE RENDS LE TIEN, CELUI D'ORIGINE...

ÇA NE SUFFIRA PAS POUR RETROUVER LEYLA...

SI TU LA MÉRITES, TU LA RETROUVERAS, TA BELLE AU BOIS DORMANT... TU SAIS NIKE, J'AI TOUJOURS DIT : AU REGARD DES MOUCHES, LA SEULE PARTIE VRAIMENT SÉRIEUSE DE L'HUMANITÉ CE SONT LES FEMMES, QUI ELLES NE SE MASSACRENT PAS...

C'EST PAS DE TOI. C'EST DE MALRAUX.

EXACT. JE VOIS QUE LA MÉMOIRE REVIENT...

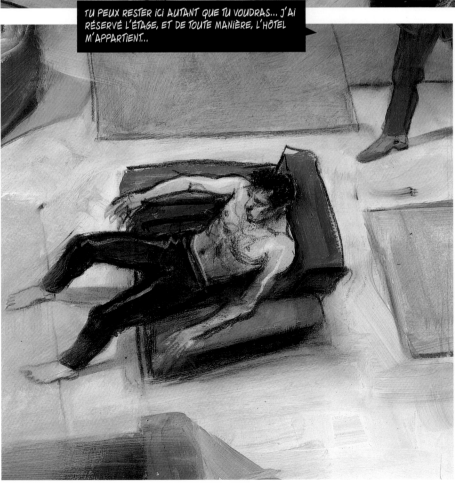

TU PEUX RESTER ICI AUTANT QUE TU VOUDRAS... J'AI RÉSERVÉ L'ÉTAGE, ET DE TOUTE MANIÈRE, L'HÔTEL M'APPARTIENT...

VOICI TA CLÉ ... SUITE 305, TU DEVRAIS APPRÉCIER...

L'ultra-voilée Irène Laroche m'a quasi claqué la porte au nez. Je ne l'aime pas. Je n'aime pas sa voix, son non-visage, sa soumission à Dieu... Je sais que la survie de Sacha, si survie il y a, passe par moi, et pas par la médecine...

J'en ai la conviction, vrillée dans la paume de la main. Ma main, mon Dieu à moi !

J'ai appris qu'Iron Fly avait battu le Bayern Kreuz Munchen. Prochain adversaire, les Anglicans de Chelsea Priors. L'ai-je dit, mais j'ai arrêté ma carrière de gardien professionnel remplaçant de remplaçante... Plus d'envie. Ou plutôt, trop d'une seule : Sacha...

Disturb or not disturb ?

Disturb !

LEYLA ?

Évidemment, le brutal face-à-face avec Leyla me surprend.

Leyla, oui. Mais une Leyla virtuelle, hologrammée, avec la définition d'image pulsée, caractéristique des plus récentes diffusions en holo-direct-report...

D'ailleurs, à quoi, et où, s'affaire-t-elle ainsi avec cette obstination appliquée qui n'appartient qu'à elle ?...

Et Minicat qui est là aussi...

QU'EST-CE QUE C'EST QUE CETTE HISTOIRE ?...

NIKE ?

?

LEYLA ?

Trois jours au moins, sans sortir de la chambre 307, il nous fallut bien ça pour comprendre, évaluer, tenter d'analyser la situation, et à moi pour bien tout raconter à Leya.

Mais d'abord, surtout, point essentiel, nous devions être à cent pour cent convaincus d'être nous-mêmes originaux. Très essentiel.

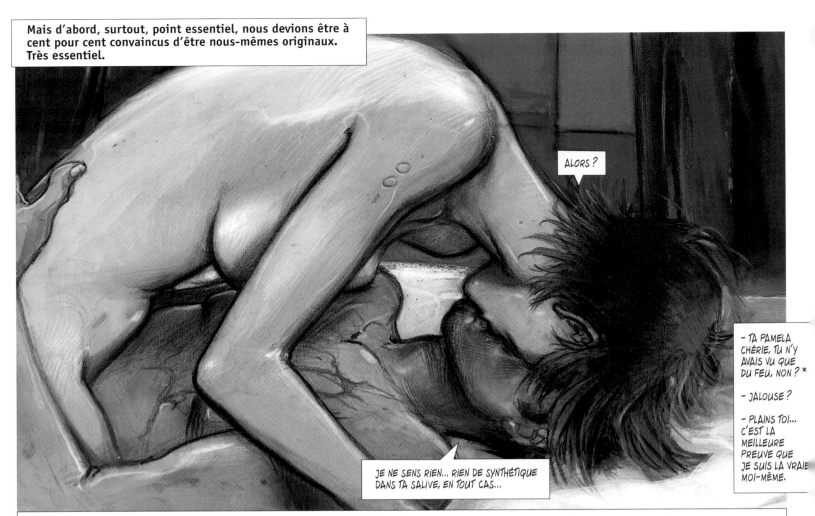

... Ensuite seulement, se demander : que faire du loft story hologrammé en direct de l'espace et mis en place par Warhole en un happening permanent de vingt-quatre heures sur vingt-quatre pour des mois durant dans la suite 305 de l'hôtel Crillon St-Eustache Paris-France année 2027 ?

* SOMMEIL DU MONSTRE

Sagesse et conscience professionnelle obligent, Leyla décida de jouer la transparence. Sa conférence de presse (bien que très encadrée) fut un modèle du genre.

Dans les jours qui suivirent, tout ce qui comptait d'éminent dans les hautes sphères de la conquête spatiale transita par le désormais plus célèbre Palace du Monde... Aucun contact audio avec le vaisseau, mais un poste de voyeurisme de premier choix, signé *Warhole Universal Channel*. Hauts Dirigeants, Religieux de tout poil, Scientifiques, Militaires, Médias, Associations Humanitaires, néo-ONG, néo-Alter@AlterMondialistes.neoneo, et bien évidemment ARTISTES (traitement de faveur garanti) séjournaient dans des suites aux prix prohibitifs, eux-mêmes signés (et facturés) Warhole (via BO-Real, groupe pigeon qui le lui devait bien).
Pour tout ça, Leyla commençait à trouver le personnage, qui brillait par son étincelante absence, attachant...

ASTOUNDING
SPACE SCIENTIST

HOLD UP SPATIAL
WARHOLE VOLE (vers) MARS !
CONFIRMATION DU DÉTOURNEMENT
Il ne manquait plus que même mort, il n'en soit que plus vivant.

ÉDITORIAL

L'Artiste Monstre gruge la Science des hommes. Depuis quelques années l'Homme, plus hagard que jamais, a pu commencer à s'habituer à la présence dans son quotidien de divers clônes, robots, répliques, plus ou moins sophistiqués de *lui-même*, le tout fabriqué par *lui-même*, au nom d'une science marketing volontariste que dans nos colonnes nous avons toujours cherché à j(a)uger avec acuité...

Avec Warhole aux commandes, le jeu des doubles, répliquants et autres répliques, vire au cynisme le plus...

(suite page 2)

*Optus Warhole, au temps d'Obscurantis Order.
Plus il meurt, plus il vit.*

LA SUBSTITUÉE

CONFÉRENCE DE PRESSE
CRILLON ST-EUSTACHE PARIS

Leyla Mirkovic (l'original), pendant sa conférence de presse

Leyla Mirkovic, l'authentique, pas la substituée du vaisseau, parle, sérieuse, grave. Mais on ne peut s'empêcher de penser qu'elle n'est pas loin d'éclater de rire, subitement, au détour d'une phrase, d'un silence (certains furent longs), d'une gorgée de champagne *Warhole millésimé*. De quoi s'agit-il ? Vraisemblablement de la plus grande manipulation de l'histoire de l'humanité. WARHOLE, ex-monstre recyclé, autoproclamé ange bienfaiteur nous colle à la planète. Pas mort pour un sou, dixit Leyla Mirkovic (elle peut se tromper), on peut aussi se poser la question autrement : a-t-il seulement jamais été vivant ? Son parcours connu, d'Obscurantis Order à l'Art Extrême du morbide, débouchant sur le gag martien, laisse un goût nauséabond mais indéfinissable. Ce dernier terme que Leyla Mirkovic semble prononcer comme possibilité de rachat. Si les monstres s'adonnent à la rédemption, alors...

(la conférence intégrale page 3)

Tout naturellement, la décision, à l'unanimité de nous deux, de prendre un peu de distance avec l'impuissant, mais jubilatoire nouveau centre de contrôle crillonesque de l'expédition martienne détournée, ne fit pas l'ombre d'une hésitation... Au programme, ni plus ni moins, improvisation d'un tour du Monde en amoureux.

NON, VADIM, NON ! SOUS AUCUN PRÉTEXTE ! TU NE M'APPELLES PAS, MÊME SI LE VAISSEAU EST ENGLOUTI PAR UN TROU NOIR, MÊME S'IL TOMBE AUX MAINS D'EXTRATERRESTRES...

Signe prémonitoire de vacances fusionnelles, la veille du départ, Leyla et moi fîmes exactement le même impossible rêve : voler à bord de Placoderme Airlines. Première escale prévue : Aapilattoq (Groenland) pour voir les glaciers avant qu'ils ne fondent...

... Puis, vingt-cinq autres escales, une par lettre de l'alphabet, dans l'ordre, histoire de jouer...
Belgrade (Minnesota – USA), **C**onsolación Del Sur (Cuba), **D**iscovery Bay (Jamaïca), **E**strela do Indaia (Brasil), **F**aaa (Tahiti), **G**able End Foreland (New Zealand), **H**a' Afeva (Tonga), **I**sraelite Bay (Australia), **J**ohor Baharu (Malaysia), **K**yaukkyi (Burma), **L**umajangdong (China), **M**uong Ki (Laos), **N**ikopol (Ukraina), **O**ktyabr (Kazakhstan), **P**ariz (Iran), **Q**aa (Lebanon), **R**yori-zaki (Japan), **S**ir Muttra (India), **T**aagga Duudka (Somalia), **U**aba (Angola), **V**aal Harz Weir (South Africa), **W**a (Ghana), **X**humo (Botswana), **Y**a'bad (Jordan), et enfin **Z**anzibar (Zanzibar).

A – Red Der Decompression remontant vers le pôle Nord. Objectif : stabilisation de la fonte des glaciers. Rappelons que ce nuage de mouches rouges (étiré sur plus de 2 000 km), ultime création d'Optus Warhole, traite également le trou de la couche d'ozone au pôle Sud.

B – Déchetteries orbitales.

C – Mars Odyssey One au-dessus de Mars.

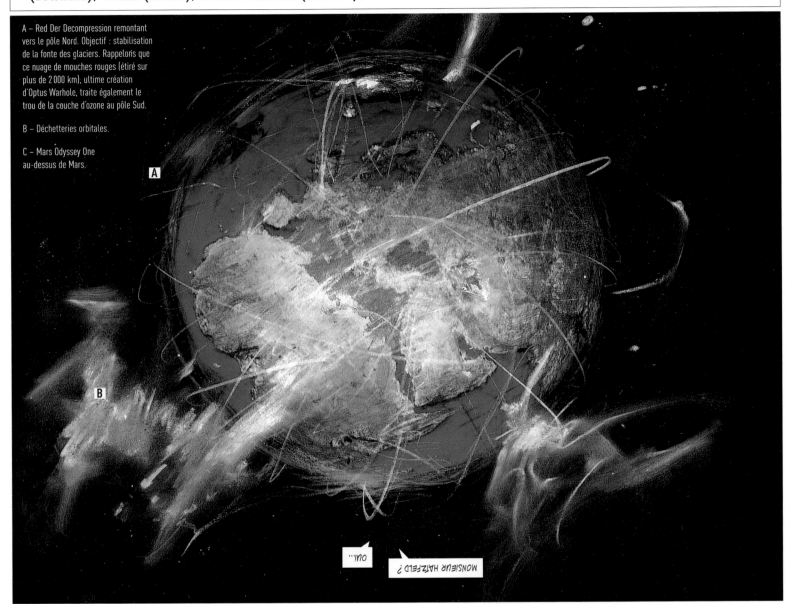

INVITATION – Déjeuner volant – 13 H 12
CRILLON ST-EUSTACHE – PARIS
– DEST. **NIKE HATZFELD-LEYLA MIRKOVIC**
From SUTPO RAWHLOE
Object : **AMIR FAZLAGIC**

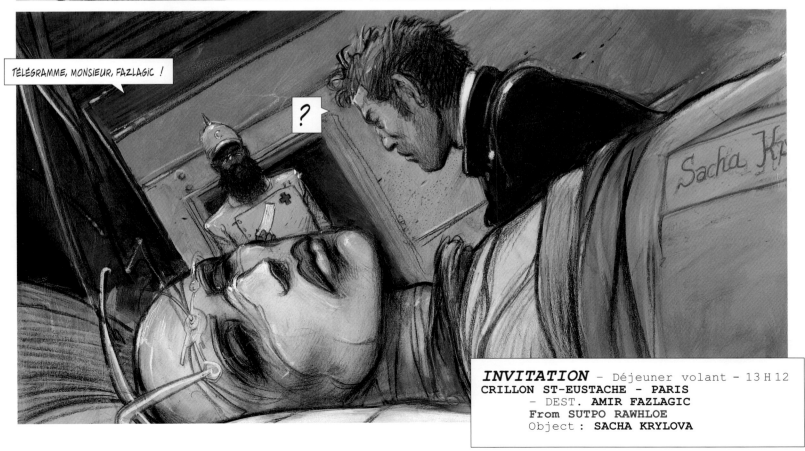

INVITATION – Déjeuner volant – 13 H 12
CRILLON ST-EUSTACHE – PARIS
– DEST. **AMIR FAZLAGIC**
From SUTPO RAWHLOE
Object : **SACHA KRYLOVA**

Nous y sommes ! SUTPO RHAWLOE, face à nous...

La surprise est de taille, même pour moi qui commence pourtant à bien connaître le spécimen.
En voyant son visage, Leyla me glisse à l'oreille : "C'est de la pure bouillie cosmique, gazeuse, et de surcroît spiralée... Je ne sais pas d'où il peut bien venir..."
Assez logiquement, il avait une tête qui allait avec son nom re-re-anagrammé... Un peu comme si au moment de sa conception la Nature en avait perdu son latin.
Mais cette tête de Warhole-là, je l'aimais bien... Posée ainsi sur le corps recyclé de feu Holeraw, elle lui donnait une allure d'aristocrate spatial (il est vrai, un poil spiralé)...

NE MANQUE PLUS QU'AMIR... IL EST 13 H 12 PASSÉES...

VOUS ÊTES MAUVAISE LANGUE, NIKE...

Le retour du vouvoiement entre nous me plaît aussi...

REGARDEZ, IL EST LÀ ET IL NOUS OBSERVE... PARFAITEMENT À L'HEURE.

RAVI DE VOUS CONNAÎTRE, MONSIEUR FAZLAGIC...

JE VOUS PRÉSENTE VOTRE GRANDE SŒUR DE LIT DE NAISSANCE, LEYLA MIRKOVIC, VOTRE AÎNÉE D'UNE SEMAINE, AINSI QUE VOTRE GRAND FRÈRE DU MÊME LIT D'HÔPITAL, NIKE HATZFELD, VOTRE AÎNÉ DE DEUX SEMAINES...

En me voyant, le regard d'Amir est passé par un drôle de cocktail, genre consternation perplexité venimosité (je ne garantis pas l'ordre des trois).

AMIR, POUR QUE LES CHOSES SOIENT CLAIRES, JE VOUS ASSURE QUE LE NIKE ICI PRÉSENT EST L'ORIGINAL. IL MEURT D'ENVIE DE PRENDRE LE TEMPS DE TOUT VOUS RACONTER. OUBLIEZ LE MODÈLE RENCONTRÉ DANS LES CONTRÉES PERDUES AU-DELÀ D'IRKOUTSK... CE N'ÉTAIT QU'UNE PLAISANTERIE DE MA PART, D'ASSEZ MAUVAIS GOÛT, JE DOIS DIRE...

J'ÉTAIS ENCORE ASSEZ TAQUIN À CETTE ÉPOQUE...

JE REGRETTE QUE VOTRE PÈRE AIT CROISÉ LA ROUTE DU MIEN...

JE SUIS HEUREUX QU'IL N'AIT PAS FAIT D'UNE PIERRE DEUX COUPS...

VOUS ÊTES PARFAITS... VOUS POUVEZ VOUS EMBRASSER EN TOUTE CONFIANCE... FAITES-MOI CE PLAISIR.

J'ai pris Amir dans mes bras. Il s'est raidi.

NOUS ALLONS DÉGUSTER TOUT ÇA TRANQUILLEMENT AU-DESSUS DE PARIS... DÉTENDEZ-VOUS, TOUT EST SÉCURISÉ ET L'ENVOL EST PROGRESSIF... C'EST L'HEURE DU PASSAGE DES OISEAUX, LE TRAFIC EST RÉDUIT. LA TABLE ASSURERA LE SERVICE PAR ELLE-MÊME, ET LE POISSON VIENDRA DU CIEL... ON LE MANGERA AVEC LES DOIGTS !

Pendant l'ébouriffant souper, Rhawloe-Warhole nous exposera brillamment sa théorie de l'Absolute Evil Fight. Après le Mal absolu à l'échelle planétaire, voici Warhole chantre du Bien... Plus belle réalisation à ce jour : le trou dans la couche d'ozone déjà partiellement comblé par l'action des nuages de mouches rouges issues de la Red Der Decompression de Bangkok.

Au mot "mouche", je sens Amir accuser le coup.

UN PEU DE PATIENCE, MONSIEUR FAZLAGIC.

Puis, toujours au menu du Bien Suprême, il nous annoncera, dans l'ordre : vaccination obligatoire de chaque nouveau né de la MLN (Mémoire de La Nature, slogan en langue française), vaccination de masse anti-proselytisme religieux (anti-OO), destinée aux populations à risque. Il nous parlera de nanomouches tueuses de tumeurs et de virus, de recalottage de nos deux calottes polaires fondantes, etc. Et en dessert, le fin du fin...

MARS... PERSONNE NE L'A COMPRIS ENCORE, MAIS LA CONQUÊTE DE LA PLANÈTE ROUGE EST EN MARCHE. C'EST MON PLUS BEL HAPPENING EN TEMPS RÉEL, ET ÇA VA DURER DES DÉCENNIES, DES SIÈCLES... À L'HEURE QU'IL EST MON VAISSEAU EST SUR LE POINT DE SE POSER...

J'OUVRE EN GRAND LA PORTE DU SYSTÈME SOLAIRE AUX HOMMES DEVENUS TIMORÉS. JE LES FORCE À FAIRE CE GRAND SAUT, EUX, DONT LE CHAMP DE VISION ENGLOBE À PEINE AUJOURD'HUI LEUR OMBRE PORTÉE AU SOLEIL DE MIDI.

LE TRIO DE SARAJEVO QUE VOUS FORMEZ EN AURA ÉTÉ À VOTRE INSU UN EXCEPTIONNEL LEVIER... LA MATIÈRE ESSENTIELLE DES CRÉATEURS EST SOUVENT ACCIDENTELLE... UNE COULEUR DÉVOYÉE, UNE NOTE INEPTE, UN MOT TROUBLE, UNE FÊLURE CHROMOSOMIQUE, TROIS ORPHELINS DANS UN MÊME LIT BOMBARDÉ...

JE VOUS ARRÊTE, MONSIEUR...

VOS CONSIDÉRATIONS MÉTAPHYSIQUES, JE N'EN AI RIEN À FOUTRE... JE SUIS ICI, AVANT TOUT ET UNIQUEMENT POUR SACHA KRYLOVA... C'EST STIPULÉ SUR MON INVITATION...

BIEN AMIR, BIEN. NE PERDONS PLUS DE TEMPS, EN EFFET...

QU'EST-CE QUE VOUS AVEZ À ME DIRE ?

Sacha !

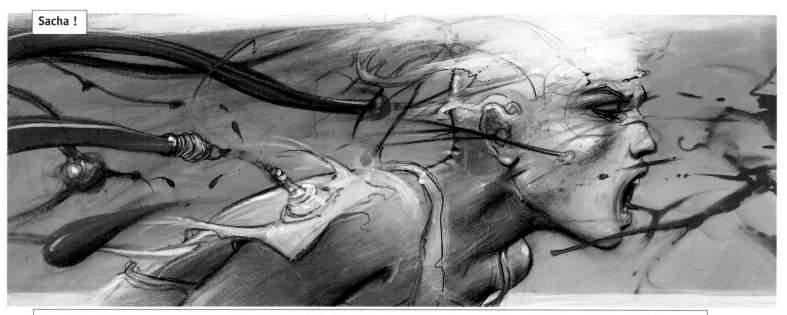

La main d'Amir se resserra d'un cran. La plainte inhumaine qui en sortit glaça le sang, et modifia, je crois bien, le ciel.

VOUS AVEZ TRICHÉ. JE N'AI PAS DIT ''PARTEZ''.

DÉSOLÉ, MAIS JE SUIS DE NATURE IMPATIENTE...

IL Y A URGENCE D'AILLEURS. UNE VISITE À L'HÔPITAL... JE VOUS LAISSE...

UN MOMENT. JE RECONNAIS QUE VOUS AVEZ GAGNÉ CE QUE VOUS ÉTIEZ VENU CHERCHER. VOUS AVEZ SAUVÉ LA VIE DE SACHA KRYLOVA... BRAVO ! MAIS IL Y A UN PROBLÈME, MON GARÇON...

JE NE SUIS PAS VOTRE GARÇON !

... VOTRE IMPATIENCE NE M'A PAS LAISSÉ LE TEMPS DE VOUS AVERTIR D'UN DÉTAIL D'IMPORTANCE. LA DESTRUCTION DE LA MOUCHE SIGNIFIE AUSSI LA DESTRUCTION DE TOUTE MÉMOIRE CHEZ LE SUJET RELIÉ À ELLE...

QU'EST-CE QUE VOUS RACONTEZ ?

IL FALLAIT GAGNER À LA LOYALE, SANS MISE À MORT. LA MISE À MORT, TOUJOURS LA MISE À MORT ! J'AI UNE PROFONDE AVERSION POUR LE PSEUDO ART DE LA CORRIDA, PAR EXEMPLE... C'EST FOU CE QUE LES HOMMES AIMENT PSEUDOISER... JE DÉTESTE ÇA.

QU'EST-CE QUE VOUS RACONTEZ !

"JE NE RACONTE PAS, JE **DIS** !
SACHA KRYLOVA EST DE NOUVEAU SAINE DE CORPS...
MAIS POUR SON ESPRIT, IL VA FALLOIR TOUT REPRENDRE À ZÉRO...
SI JAMAIS VOUS LA RETROUVEZ... CAR ELLE A RÉTROGRADÉ À L'ÉTAT ANIMAL, PRIMATE, AVEC L'INSTINCT DE SURVIE QUI VA AVEC... JE VOUS CONSEILLE DE FAIRE VITE..."

ESPÈCE D'ENFOIRÉ...

ET N'OUBLIEZ PAS SOUS LA TABLE, AVANT DE DESCENDRE, VOS MINI-PROPULSEURS DE POING...

CHARMANT GARÇON, MALGRÉ TOUT...

Les mots du monstre à mouches, au nom imprononçable, cognent dans mes tempes, en boucle, faisant peur : "Elle a rétrogradé à l'état animal, avec l'instinct primate de survie qui va avec... Elle a rétrogradé à l'état animal, avec l'instinct primate de survie qui va avec..."

Ma Sacha primate livrée à elle-même dans Paris qu'elle ne connaît pas... Mais ma Sacha en vie. Ma Sacha animale...

J'ai quitté la table volante. Ça valait mieux. On ne s'immisce pas comme ça entre Warhole et Nike, je l'ai bien senti. Et puis l'arrivée sur Mars, je tiens à la voir en direct, à la savourer comme il se doit...

... Car à quelques dizaines de millions de kilomètres de là, mon inquiétant duplicata synthétique continue d'orchestrer (avec la froide détermination qui me caractériserait) le détournement de la mission martienne. J'ai fini, j'en prends conscience à l'instant, par me faire à cette idée de double, et à cette histoire dont la perversité commence finalement à me plaire... Un peu plus de cinq mois de voyage, et déjà trois belles grossesses bien métissées en cours. à bord... Warhole a de quoi jubiler... L'*amarsissage* est proche, et la colonisation de la planète Rouge s'annonce on ne peut plus féconde...

... MAIS VOUS N'AVEZ PAS ÉTÉ QU'ARTISTE... JE VOUS AI CONNU MONSTRE ?

C'ÉTAIT DE L'ART EXTRÊME, PEUT-ÊTRE MÊME SUPRÊME...

LES HOMMES, JE L'AI DIT, DANS L'ART DE CETTE PLANÈTE, PAS DE TOUTES CELLES QUE JE CONNAIS, MAIS DANS CELLE-CI ASSURÉMENT, C'EST LA TOUTE PREMIÈRE DES MATIÈRES PREMIÈRES. LA PLUS BRUTE, LA PLUS BRUTALE... ON NE S'EN SERT PAS ASSEZ... LA GUERRE DE 1914-1918, PAR EXEMPLE, ELLE N'AURAIT JAMAIS DÛ ÊTRE LAISSÉE AUX MILITAIRES BOUCHERS ET À LEURS PIÈTRES MÉCÈNES, LES POLITIQUES.

QU'EN AURAIT FAIT UN ARTISTE ?

UNE ŒUVRE.

AVEC DES MORTS ?

"PAS FORCÉMENT... J'AI TRÈS BIEN CONNU CETTE PÉRIODE... C'EST LÀ, DANS UN LIEU NOMMÉ VERDUN, EN 1916, DANS UNE TRANCHÉE, AU MILIEU DE CADAVRES DISLOQUÉS, QUE POUR LA PREMIÈRE FOIS J'AI PRIS CONSCIENCE DE MON APPARENCE À PEU PRÈS HUMAINE... J'Y AI MÊME DÉCOUVERT MON BEAU VISAGE, PEU EN RAPPORT AVEC LES CANONS DE BEAUTÉ TERRIENS, JE L'ADMETS...

C'ÉTAIT IL Y A EXACTEMENT, CENT ONZE ANS... UNE BROUTILLE, UNE FRACTION DE SECONDE PAR RAPPORT À MON ÂGE ACTUEL... "

Mon cerveau fit une sorte de galipette dans mon crâne.

VOUS POUVEZ RÉPÉTER CE QUE VOUS VENEZ DE DIRE ?

JE VAIS RÉPÉTER ET MÊME TENTER DE VOUS RACONTER DANS LA MESURE DU POSSIBLE, L'INFINIMENT DÉMESURÉ, L'INFINIMENT INDICIBLE, AVEC UN MINIMUM DE MOTS... VOUS AUREZ TOUT LE LOISIR DE DÉVELOPPER, MON CHER NIKE, SI VOUS ACCEPTEZ DE DEVENIR MON BIOGRAPHE, LE BIOGRAPHE DE L'ÂME NOIRE ET DU MAL ULTIME, LE BIOGRAPHE DE LA RÉDEMPTION, CELUI DU BIEN SUPRÊME ET DE LA PROFONDEUR DES TEMPS ET DES ESPACES...

Le pluriel sur *temps* et *espace* me troubla...
Mais que dire de la suite ? En moins de trois minutes montre en main, en quelques phrases magistrales de précision, eu égard à l'opacité du sujet, Sutpo Rawhloe, alias Optus Warhole, alias désormais l'Innommable, me raconta sa vie.

Puis il quitta la table, un sourire (ou quelque chose d'approchant) sur l'informité de la chair placodermisée de ce que semblaient être ses lèvres...

ASTOUNDING SPACE SCIENTIST

AMARSISSAGE ONE
DÉTOURNEMENT DE MISSION RÉUSSI

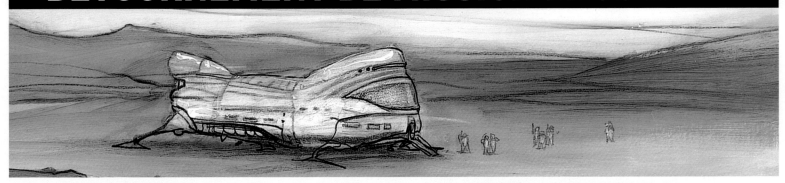

Le module habitable SPACE-LOFT s'est posé comme prévu dans la région du volcan Ceraunius, sur le plateau de Tharsis.
On voit sur ce document, obtenu par un des vidéo-drones de l'expédition, les sept membres de l'équipage lors de leur première sortie.

MARCHE SUR MARS

Image surréaliste de la biologiste Liu Aaron Junior dans son scaphandre, enceinte de cinq mois, et du clône synthétique warholien de Leyla Mirkovic, dirigeant les opérations sans la moindre protection. En bas à droite, les restes (tronçons) d'un des dix témoins du Site de l'Aigle du 32 Décembre (analyses d'identification en cours)

SURVIVANT
AU-DELÀ DU RATIONNEL

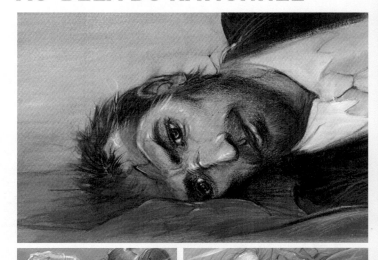

Le clone de Nike Hatzfeld, unique survivant de l'accident inter-dimensionnel du 32 Décembre semble narguer de son regard l'humanité entière. Difficile de ne pas y voir la signature d'Optus Warhole. Sur les images du bas, on peut reconnaître les dépouilles (tronçonnées par l'effet sécateur du croisement de deux dimensions) de l'Ayatollah Karselleh et du Grand Rabbin Yazhavy (paix à leurs morceaux).

SIGNATURE

Joao Mendez-Coe, spécialiste de l'art warholien analyse le détail de cette photo aérienne du plateau de Tharsis où on peut distinguer les dix corps des disparus du 32 Décembre. "Leur disposition en W ne fait pas l'ombre d'un doute."
[Développement en page 7]

L'AIR VIVIFIANT DE MARS

Les retrouvailles des clones synthétiques (on évoque des matériaux placodermisés) de Leyla Mirkovic et Nike Hatzfeld ne manquent pas d'allure. On peut constater l'effet sécateur (évoqué plus haut) sur les jambes de Nike Hatzfeld.

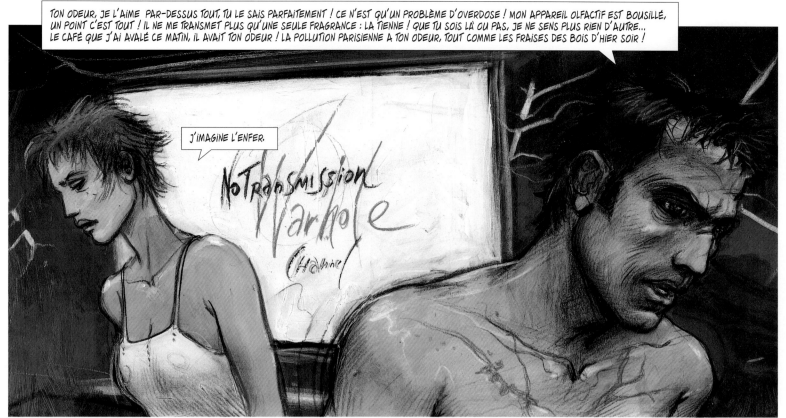

Il avait dû pleurer... Beaucoup. La disparition de Sacha était inscrite sur son visage. Pire même : gravée. Orphelin pour la seconde fois. C'est comme si l'implacable chasseur de mouches, que je connaissais si bien, avait été d'un coup de scalpel amputé de la moitié de lui-même.

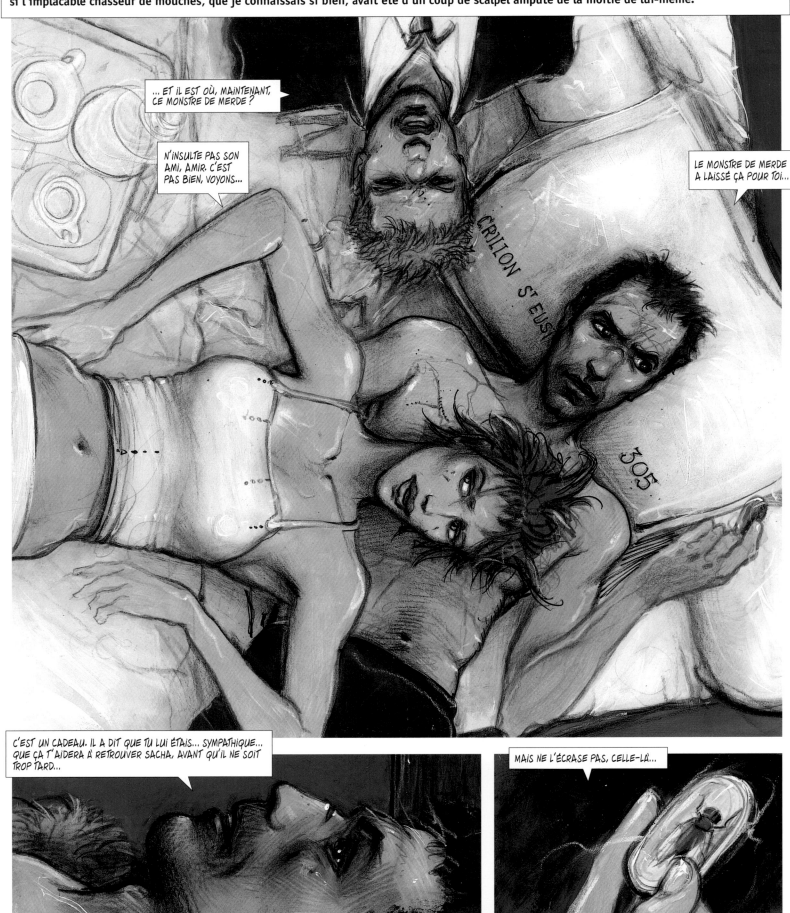

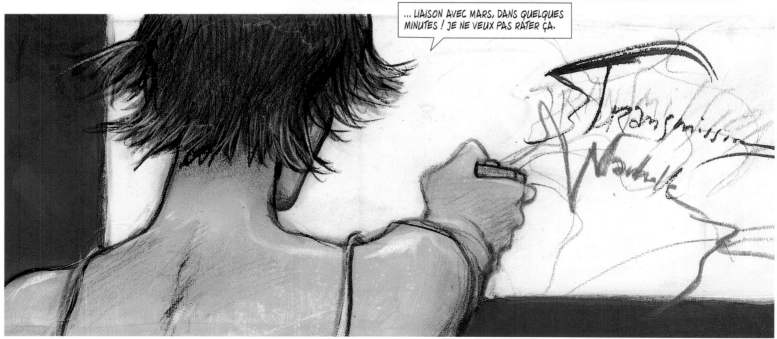

- NON MAIS T'AS VU COMMENT JE COURS, LA VITESSE ET L'ENDURANCE... ; ENFIN PAS ``JE'', MAIS ELLE...

- FAIS BIEN ATTENTION À L'IDENTIFICATION... MOI J'AI L'HABITUDE... AUCUNE ENVIE DE RESSEMBLER AU CUL-DE-JATTE BARBU SCOOTERISÉ ESTAMPILLÉ INCREVABLE BY WARHOLE.

- TU VEUX DIRE QUE ``NOS'' RÉPLIQUES SONT INCREVABLES ?

- ELLES NOUS SURVIVRONT LARGEMENT...

- TU TE RENDS
COMPTE ? OBLIGÉS
DE SE SUPPORTER
AD VITAM SUR MARS !

- JE PRÉFÈRE NE
PAS IMAGINER.

"À **4**, promis !" furent les dernières paroles d'Amir avant de nous quitter. Curieusement, ou pas en vérité, son départ signifia l'éclatement du groupe si difficilement reconstitué. L'urgence nous gagnait tous, à des degrés différents, simplement intimes. Je sentais Leyla partie dans sa tête vers un ailleurs dont je ne voulais surtout rien savoir tant mon égoïste besoin de solitude primait. Et elle savait si bien que je sentais tout ça, sachant même que je savais qu'elle savait, qu'elle eut le talent d'accélérer la séparation...

Notes prises par Nike Hatzfeld sur les propos de Sutpo Rawhloe alias *Optus Warhole* (déjeuner volant au-dessus de Paris, le 14 octobre 2027, entre 17 h 03 et 17 h 07)

- Arrivé sur Terre (Site de l'Aigle dans le Nefoud) par un Accident interdimensionnel, il y a plus de 70 MILLIONS D'ANNÉES. Il pense avoir été assassiné par un sniper (*peinture rupestre du Site de l'Aigle dans le Nefoud ***). Sa décomposition aurait produit une substance aujourd'hui encore inconnue. Cette substance serait à l'origine de la naissance de l'ordre des Placodermes (branche de poissons à carapace ayant dépassé la taille de huit mètres, et dont l'aspect pourrait se rapprocher des raies et des requins).

- Trouve dans cette origine du règne animal une lignée évolutive qui lui fera traverser le temps et croiser (entre autres) le chemin des diptères (mouches, sarcophagae...). Sa compatibilité organique et biologique avec le monde terrestre s'y épanouit. Obligé de muer régulièrement, il subit l'évolution de la vie terrestre avant d'investir l'antichambre du genre humain (révélation-prise de conscience dans les tranchées de la guerre de 1914-1918).

- Devenu "homme" (mais insaisissable et indéfinissable), il poursuit son évolution de manière de plus en plus consciente. Il se pose en explorateur de l'humain (organique, physique, et mental). Décide d'aller jusqu'aux extrêmes, en commençant par le MAL SUPRÊME (*moment de sa rencontre avec moi, New York-Obscurantis Order, etc.**). Insatisfait, déçu, il provoque par l'ART d'ici-bas un moyen de rupture radical en amorçant une quête effrénée du BIEN SUPRÊME (*lui, nous, aujourd'hui...****).

Quelques notes personnelles

Il pense avoir trouvé dans le Site de l'Aigle la Signature (il emploie le S majuscule) de son appartenance à une autre dimension qui aurait une histoire de l'Univers bien plus profonde (d'autres humanoïdes auraient existé avant nous dans d'autres systèmes solaires, certains nous ayant même visités - et l'ayant, lui, trucidé - visiblement avec les mêmes tares.

Le 32 Décembre est son échec le plus cuisant (il rate l'occasion d'en saisir le portail pour retourner dans sa dimension).

Trouve en moi, et collatéralement en Leyla et Amir, une raison de s'humaniser.

Attend une prochaine occasion pour partir...

* Le Sommeil du monstre
** 32 Décembre
*** Rendez-vous à Paris

Amir Fazlagic, grâce à l'imparable efficacité de la mouche, retrouvera sans difficulté particulière Sacha Krylova, quelque part dans les faubourgs de Moscou, là-même où ils s'étaient rencontrés quelques années plus tôt. Reconquérir, dompter, réinitialiser Sacha, fut autrement plus délicat. Mais au terme des trois ans, le rendez-vous de Sarajevo (il en avait la conviction) se fera, non pas à QUATRE, mais à CINQ...

Leyla Mirkovic ira sur Mars (sans prévenir Nike) avec une mission qui constatera la viabilité du système mis en place par l'expédition précédente, détournée par Warhole. Leyla y retrouvera son double, ainsi que celui de Nike. Elle reviendra sur Terre avec un reportage hologrammé sur le premier couple androïde de l'histoire de l'espace. Son film sera primé à Cannes, aux Oscars, à Zanzibar. Elle attendra avec une impatience maladive le rendez-vous de... Sarajevo... (elle ne voyait pas d'autre lieu)...

Basé chez lui, à New York, Nike Hatzfeld verra de nombreuses fois Sutpo Rawhloe, dans des conditions souvent invraisemblables. Il rédigera un imposant document sur le parcours spatio-temporel de l'étrange créature, mais renoncera, avec l'accord de ce dernier, à le publier. Trop de remises en cause des fondamentaux religieux monothéistes en une nouvelle dangereuse période de remontée obscurantiste et d'appauvrissement culturel. Nike Hatzfeld relira une dernière fois son manuscrit avant de le détruire. Il n'en oubliera, bien évidemment, pas la moindre virgule. Pendant tout ce temps, il sera gravement en manque d'effluves de Leyla... Vivement Sarajevo ou... Belgrade (il hésite entre les deux)...

Sutpo Rawhloe ?   À ce jour, aucune nouvelle...

DU MÊME AUTEUR

LA FOIRE AUX IMMORTELS – 1980
LA FEMME PIÈGE – 1986
FROID ÉQUATEUR – 1992
LA TRILOGIE NIKOPOL (intégrale) – 2005

LE SOMMEIL DU MONSTRE – 1998
32 DÉCEMBRE – 2003
RENDEZ-VOUS À PARIS – 2006
QUATRE ? – 2007

NOUVEL ÉTAT DES STOCKS – 2006
MÉMOIRES D'OUTRE-ESPACE – 1978
MÉMOIRES D'AUTRES TEMPS – 1971-1981

en collaboration avec Pierre Christin
LA CROISIÈRE DES OUBLIÉS – 2006
LE VAISSEAU DE PIERRE – 2006
LA VILLE QUI N'EXISTAIT PAS – 2006
LÉGENDES D'AUJOURD'HUI – 1975-1977 (intégrale) – 2007
CŒURS SANGLANTS – 2005
LES PHALANGES DE L'ORDRE NOIR – 2006
PARTIE DE CHASSE – 2006
FINS DE SIÈCLE – 2006
L'ÉTOILE OUBLIÉE DE LAURIE BLOOM, LOS ANGELES, 1984... – 2007

HORS-JEU – 2006
en collaboration avec Patrick Cauvin
Éditions Casterman

EXTERMINATEUR 17 – 1979
en collaboration avec Jean-Pierre Dionnet
Éditions les Humanoïdes Associés

LE SARCOPHAGE – 2001
en collaboration avec Pierre Christin
Éditions Dargaud

BLEU SANG – 1994

TYKHO MOON – LIVRE D'UN FILM – 1996
avec Dan Franck, Fabienne Renault et Isi Véléris
Éditions Christian Desbois

UN SIÈCLE D'AMOUR – 1999
en collaboration avec Dan Franck
Éditions Fayard